Dans la Bibl. du R. P. Du Fresne on trouve Steph. Natalis plenum experimentis novis confirmatum paris. 1648. 8°. ce qui paroit la traduction de celui cy car le livre du meme P. Noël intitulé gravitas comparata etc. paris. 1648 est autre chose quoiq. sur la meme matiere —

R

Voyés

R. 2504.

LE PLEIN DV VVIDE,

OV

Le corps, dont le Vuide apparent des experiences nouuelles, est rempli.

Trouué par d'autres experiences, confirmé par les mesmes, & demonstré par raisons Physiques.

Par le P. ESTIENNE NOEL, de la Compagnie de IESVS.

A PARIS,
Chez IEAN DV BRAY, ruë sainct Iacques aux Espics meurs.

M. DC. XLVIII.
AVEC PERMISSION.

A MONSEIGNEVR
LE PRINCE
DE
CONTY.

ONSEIGNEVR,

La Nature est auiourd'huy accusée de Vuide ; & i'entre-

prens de l'en iustifier en la presence de VOSTRE ALTESSE, *Elle en auoit bien esté auparauant soupçonnée ; mais personne n'auoit encore eu la hardiesse de mettre des soupçons en fait ; & de luy confronter les Sens & l'Experience. Ie fais voir icy son integrité ; & monstre la fausseté des faits dont elle est chargée, & les impostures des témoins qu'on luy oppose. Si elle estoit connuë de chacun, comme elle est de V. A. à qui elle a decouuert tous ses secrets ; elle n'auroit esté accusée de personne : & on se seroit bien gardé de luy faire vn procez sur de fausses depositions ; & sur des experiences mal reconnuës, & encore plus mal auerées. Elle espere Monseigneur, que vous luy ferez iustice de toutes ces calomnies. Et si pour vne plus entiere iustification, il est necessaire qu'elle paye d'experience, & qu'elle rende témoin pour témoin; alleguant l'Esprit de V. A. qui remplit toutes ses parties, & qui penetre les choses du monde les plus obscures & les plus cachées, il ne se trouuera personne, Monseigneur, qui ose asseurer qu'au moins à l'egard de V. A. il y ayt du Vuide dans la Nature. Cette raison ne laisse rien à faire à toutes les experiences produites & à produire; & ie ne doute point que nos aduersaires n'en demeurent d'accord auecque moy, qui en suis aussi persuadé que personne ; & qui par cette presuasion uniuerselle, aioustée à mes deuoirs particuliers, suis aussi parfaitement que nul autre.*

MONSEIGNEVR

De Vostre Altesse,

Le tres-humble, tres-obeïssant & tres-obligé seruiteur.
ESTIENNE NOEL
de la Compagnie de IESVS.

LE PLEIN DV VVIDE OV LE CORPS, DONT LE vuide apparent des nouuelles experiences est rempli;

Trouué par d'autres experiences: confirmé par les mesmes: & demonstré par raisons Physiques.

§. I.

Experience venuë d'Italie.

VN tuyau de verre de quatre piés, dont vn bout est ouuert, & l'autre seellé hermetiquement, estant remply de vif argent; puis l'ouuerture bouchée auec le doigt, ou autrement, & le tuyau disposé perpendicu-

lairement à l'horison, l'ouuerture bouchée estant vers le bras, & plongée deux ou trois doigts, dans l'autre vif argent contenu en vn vaisseau moitié plein de vif argent, & moitié d'eau; si on desbouche l'ouuerture demeurant tousiours enfermée dans le vif argent du vaisseau; le vif argent du tuyau descend en partie, laissant au haut du tuyau vn espace vuide en apparence, le bas du mesme tuyau demeurant plein du mesme vif argent iusques à certaine hauteur, & si on hausse vn peu le tuyau, iusques à ce que son ouuerture, qui trempoit auparauant dans le vif argent du vaisseau, sortant de ce vif argent arriue à la region de l'eau; le vif argent du tuyau monte iusques en haut auec l'eau; & ces deux liqueurs se broüillent dans le tuyau; mais enfin tout le vif argent tombe & le tuyau se trouue tout plein d'eau. Voila l'experience, comme l'a couchée Monsieur Pascal le fils dans son liure, *Des experiences nouuelles touchant le vuide*, que nous rapporterons cy-apres.

ADVERTISSEMENT.

QVand l'impression de ce liuret commença, ie me trouuai surpris d'vne fiebvre, qui m'osta la liberté de voir les espreuues: l'impression faite, & la maladie passée: i'ay reconneu certaines omissions, que i'ay creu deuoir suppleer icy pour la satisfaction de ceux, qui me feront l'honneur de voir ce petit ouurage.

A la fin du § 6. p. 20. manquent ces paroles.

Ce que dessus doit s'entendre d'vn thermometre, qui seroit bouché hermetiquement. Car les mouuements de ceux qui sont ouuerts par embas, s'entendent facilement par l'entrée des esprits ignées, qui repoussent, & font enfler l'eau: qui remonte & se ramasse à leur sortie.

Au § 11. p. 32. apres la ligne 10. il faut adiouster.

Comparons aussi le vif-argent, qui est dans le tube auec celuy, qui est dans la cuuette, comme le poids, qui est dans vn bassin d'vne balance auec le poids, qui est dans l'autre. Si celuy, qui est dans la cuuette pese plus, que celuy, qui est dans le tube, il descendra, & fera monter celuy du tube, comme le poids d'vne balance le plus pesant, descend, & fait monter l'autre. Au contraire si celuy, qui est dans le tube, est plus pesant, que celuy qui est dans la cuuette, il descendra, & fera monter celuy de la cuuette iusques à l'esgalité de pesanteur, & equilibre: qui dans l'inesgalité de surface perpendiculaire à l'horison se rencontre en celle qui est dans la cuuette plus basse de deux pieds trois pouces, que celle du tube.

Et cette inesgalité de surface arriue de ce que le vif-argent, qui est dans le tube, n'a pas assez de pesanteur pour s'esgaler de surface à celuy de la cuuette.

L'auantage, qu'a celuy de la cuuette par dessus l'autre, se prend de l'air, qui pese sur celuy de la cuuette, & ne pese pas sur celuy du tube, celuy-cy n'estant, que sous *l'æther*, qui ne charge point. Que l'air commun que nous respirons, & qui est sur la surface du vif-argent, qui est dans la cuuette soit pesant; on n'en doute pas apres auoir pesé la canne à vent deuant, & apres l'auoir chargée.

Tout cecy (que i'auois mis dans ma seconde lettre à Monsieur Paschal le fils, qui m'auoit honoré d'vne belle, & honorable responſe) manque à l'endroit, que i'ay marqué.

§. II.

Discours sur ceste experience.

LE R. P. *Valerianus magnus* en son traicté, qu'il appelle, *Demonstratio ocularis loci sine locato*, raisonnant sur ce fait, auance trois propositions. La premiere, *Que l'espace, qui se trouue dans le tuyau sur le vif argent, est vuide.* La seconde, *Que la lumiere passe à trauers.* La troisiesme, *Que le vif argent emploie du temps, soit à monter, soit à descendre, par cet espace.* On ne doute point de ces deux dernieres; on les voit à l'œil; toute la preuue de la premiere est, Que pas vn corps n'a pris la place, que le vif argent a quittée, d'où se conclut en premiere instance, *Que cet espace est vuide*; & de cette consequence iointes aux autres deux propositions se deduit necessairement, *Que le mouuement d'vn corps par le vuide, ne se fait pas en vn instant, mais par succession: & Que la lumiere n'est ny corps ny dans vn corps: & qu'vn corps lumineux tire la lumiere du neant*, puisque le vuide est vn neant. Ie ne combats point toutes ces consequences ; elles suiuent par necessité cet antecedent, *qu'aucun corps n'est entré ny demeuré dans l'espace qu'a quitté le vif argent*, Mais quantité d'autres experiences nous faisant voir, que les corps se poussent, ou se tirent, si fort les vns les autres, que le vuide entr'eux est impossible sans miracle; (& mesme absolument, selon ceux, qui ne se peuuent figurer aucun espace enuironné de corps, que composé de parties les vnes hors des autres, long, large, & profond, qui sont l'essence, & les proprietez, d'vne dimension reelle & effectiue; Et selon ceux, qui disent, Que le corps n'estant que parties les vnes hors des autres, & la nature des parties estant de composer, & faire vn Tout; les indiuidus corporels differents d'especes, composent immediatement vn Tout corporel, qui est le monde) tout cela me rend tel antecedent fort suspect en general pour le *vuide:* Et en particulier, pour celuy, dont il est question: voicy des experiences, qui le contrarient. Les yeux nous font voir, que cet espace a quasi deux piés de long; Qu'il est rond, Qu'il reçoit sa figure du verre, comme l'eau de son vase; Qu'il fait monter le vif argent, comme vn corps, qui s'enfuiant le pousseroit en sa place : Qu'il l'arreste comme vn piston bien iuste arreste l'eau dans vne syrinque: Qu'il ne retarde pas moins le mouuement naturel du vif argent quand le tube est renuersé , que l'air; Qu'il transmet la lumiere comme vn corps transparent : Que d'vn souflet plein de ce vuide apparent on fait sortir vn corps tout semblable à nostre air en ses effects, quand on le presse desbouchant son ouuerture: Tout cela ne se peut nier : on le voit à l'œil. Adioutés qu'on ne sçait, que deuient ce corps, qui remplissoit tout cet espace de vuide apparent, est il aneanti? non, c'est le vif argent, qui entre dans la cuuette. mais quelle place à pris ce vif argent? celle de l'air en montant, Et l'air, dont il a pris la place, qu'est il deuenu? vous me direz qu'il est condensé, cette condensation ne peut estre sans chasser & exclure quelque corps, ou remplir quelque vuide, si quelque corps est chassé, où est il allé puis que tout est plein? si le vuide est rempli, le vuide sera le lieu de cet air condensé; Et voila ce pauure air hors du mõde, priué de toute communication auec les corps tant celestes que terrestres. De plus, mesmes auant que le vif argent fut descendu; le vuide, où s'est placé l'air espaissi, estoit au tour du tuyau. Voila donc du vuide, & dedans, & dehors le tuyau: du vuide rempli au dehors, qui estoit vuide auparauant & sans corps; & du vuide dans le tuyau; vuide veritable, & sans matiere. cette experience pouuant se faire par tout, dans de longs & gros tuyaux; il y aura du vuide veritable par tout, & dedans & dehors le tuyau; rempli tantost dehors, tantost dedans; tantost sans corps au dedans, tantost sans corps au dehors. Ie ne m'arreste pas à refuter la condensation vuide, & sans exclusion de corps, que quelques vns attribuent à Aristote. vne partie ne sçauroit estre plus voisine du centre, qu'auparauant, si elle ne prend la place d'vn autre corps, qu'elle chasse; ou si elle n'entre dans le vuide, ou dans vn corps: il n'y a, que ces trois façons de ioindre dauantage vne partie à vne autre. La penetration des dimensions est impossible naturellement, faut il donc pour s'approcher dauantage, ou entrer dans le vuide, ou chasser vn corps, qui seruoit d'entre-deux.

§. III.

Conclusion de ce que dessus.

TOut ce que dessus meurement consideré; ie croy qu'il faut plustost conclure pour l'entrée, où la demeure, de quelque corps, qui remplisse tout cet espace, & qui ait le pouuoir de retenir, & faire monter le vif argent, de retarder son mouuement, de soustenir & transmettre la lumiere; que pour le *vuide*, qui n'est que la ruine des corps, estant leur priuation; qui n'est qu'vn vray neant, & par suite necessaire, sans differences, sans parties, sans longueur, sans largeur, sans profondeur, sans mouuement, sans action. C'est pourquoy ie treuue beaucoup plus raisonnable d'auoüer, qu'en cet espace il y a vn corps, quoy que sa nature nous soit cachée, que de nier qu'il y en ait, pour ne pas sçauoir quel il est; ie ne sçay pas, quelle distance il y a entre Saturne & les Estoiles: donc il n'y en a point. Cette consequence est mal tirée. De mesme, ie ne cognois pas le corps qui est entré, ou demeuré, dans cet espace, qu'a quitté le vif argent: donc il n'y en a point: cette consequence n'est pas meilleure. Ie ne doute point, fondé sur l'experience & sur l'vnion mutuelle des corps dans le monde, Que dans cet espace apparemment vuide, (pas plus neantmoins que quand l'air y est) il n'y ait vn corps. Il faut chercher quel il est, & par où il est entré. La consideration de cette premiere experience venuë d'Italie m'y conduit. I'y trouue trois choses dignes d'estre considerées.

La premiere, *Que le vif argent, dont est rempli le tuyau de verre de quatre pieds, seellé hermetiquement par le haut, plongé, & desbouché, dans le vif argent d'vn vaisseau, esleué pourtant à quelque distance du fonds, & perpendiculairement à l'horizon, quitte le haut du tube & descend.*

La seconde, *Qu'il ne descend qu'a certaine hauteur.*

La troisiesme, *Que l'ouuerture ayant quitté le vif argent du vaisseau, & passé à la region de l'eau, le vif argent monte iusques au haut du tuyau auec l'eau, puis descend, & descendant se mesle dans le tube auec l'eau, qui monte en sorte, qu'elle prend la place du vif argent & le tuyau se treuue plein d'eau.* Pour donner raison de tout cela, ie commence par le meslange des Elemens & dis,

§. IV.

Que les autres elemens se trouuent dans l'air.

QVe dans ce *tout*, que nous appellons *air*, il y ayt de la terre. Nous l'experimentons en Hyuer dans vn froid sec : les mains exposées à l'air contractent vne crasse composée de ces petits atomes terrestres, qui le remplissent, & le refroidissent. Que dans ce mesme *tout* il y ait de *l'eau*; cela se voit clairement en la canne à vent, dont elle sort, quand vous la chargez auec vitesse, & longtemps : & sur la surface des marbres au degel, & au temps humide. Qu'il y ait aussi du feu elementaire (ie veux dire de ce feu, qui pour sa petitesse & rareté, est inuisible, & par suite fort different de la flamme, & du charbon allumé, qui est entouré d'estincelles, ou petites flammes, qui s'esteignent dans l'eau, & non pas le feu elementaire) Qu'il y ait, dis-je, de ce feu dans l'air; on le peut connoistre au foyer d'vn miroir ardent, qui brusle par le concours des rayons, qui sont dans l'air: & par vn mouchoir, où se ramassent les esprits ignées, que l'air, qui est autour du feu, luy apporte; & ce feu est mesme si grossier, qu'il est visible; car on voit en vn lieu froid, & obscur, sortir les estincelles de ce mouchoir, quand, apres l'auoir estendu, & bien chauffé, & puis resserré tout chaud, on l'estend, & passe-ton la main par dessus vn peu rudement.

Si les feux de nos cheminées remplissent d'esprits ignées l'air d'alentour; le Soleil, qui enflamme par reflexions, & refractions, pourra bien espandre ses esprits solaires en tout l'air du monde, & par suite y auoir du feu; comme en effect il y en a, qui s'en separe, quand l'air est pressé par les corps solides, & durs, qui sont meus dans l'air auec vitesse. La chaleur, que nous sentons au froissement de l'air, vient de cette separation. ce feu separé, & reuni par ensemble, est plus fort que diuisé, meslé, & confondu auec l'air. Quand vn charpentier fait vn trou dans le bois auec sa tarriere, il l'eschauffe grandement, pressant bien fort ce peu d'air, qui est dans son trou; il en fait sortir ce feu subtil, & inuisible, qui entre par sa grande mobilité, & subtilité presque inconceuable, dans le fer, & l'eschauffe. quand d'vne main vous frappez l'autre vn peu rudement; vous froissez l'air intercepté; vous en separez les esprits ignées, & sentez leur chaleur. Cette vnion de ce feu subtil, & inuisible, est bien plus facile en l'air, qu'aux autres corps, où il est moins frequent, moins libre, plus petit, & plus serré, c'est pourquoy les corps solides, & durs, iettez par l'air, se meuuent facilement, pressants l'air deuant, & autour d'eux, d'où fuit l'expression, & l'vnion des esprits ignées entre l'air, & le corps meu par iet. ces esesprits se retrouuans vnis en la place, que le corps a quittée par son auancemẽt en l'air, se roulans vers ce corps ietté, qui empeschoit leur mouuement, s'enfonçant dans l'air, le poussent, & luy font penetrer l'air precedent; ou la compression de l'air, la separation, l'vnion du feu, & le mouuement du corps, se continuent autant, que la force est grande suffisamment pour surmonter la pesanteur; qui resiste tousiours tant qu'elle peut: & se rend enfin la maistresse.

On connoit d'icy pourquoy la bale, que vous laissez choir de la portiere d'vn carosse, qui roule: ne tombe pas à plomb, mais s'auance tant soit peu vers le deuant: & d'autant plus, que le carosse va viste. Tout l'air, qui precede, & enuironne le carosse, est pressé; les esprits ignées s'en separent, & roulans, où va le carosse, poussent la bale, qu'on a laissé choir, prenans sa place où la bale, par son changement de place, les a poussés. La lumiere, qui est dans l'air, nous est vn grand argument pour nous persuader les esprits solaires & ignées, qui sont lucides, & dont le mouuement par le corps lumineux est ce que nous appellons *lumiere*. Ie m'explique par vn corps lucide (que ie distingue du lumineux, entant que ce corps lumineux est celuy, que nous voyons; & le corps lucide ne se voit pas) i'entends le corps, qui touche *la veuë* par son mouuement; c'est à dire, qui fait voir, & ce, qui fait voir, est-ce qui figure la partie du cerueau viuant, qui termine les nerfs optiques, tous remplis de ces petits corps, qu'on appelle esprits *lucides:* cette partie du cerueau viuant est la puissance, que nous appellons *veuë*. Le mouuement, qui fait cette figure, est celuy, que nous appellons *luminaire*; & ne conuient qu'à ces petits corps, qui sont capables de figurer la *veuë*. Le corps, que nous appellons transparent, est tousiours rempli de ces petits corps, ou esprits *lucides* fort mobiles: mais ces petits corps n'ont pas tousiours vn mouuement luminaire, c'est à dire, vn mouuement capable de figurer la *veuë*: & n'y a, que le corps lumineux, pour exemple, la flamme, qui puisse donner ce mouuement *luminaire*, comme l'Aimant donne le mouuement magnetique à la limaille du fer, sans le donner aux sables voisins; de mesme la flamme, ou le corps lumineux donne son mouuement *luminaire* aux esprits lucides, & non pas aux autres. D'icy ie conclus, que dans l'air il y a quantité d'esprits lucides & fort mobiles, puis qu'il est transparent.&,ces esprits estans ignées, Qu'il y a dans l'air du feu, que i'appelle elementaire: Et qu'il s'en separe, & separé ie l'appelle Æther.

§. V.

Que l'eau est meslée auec les autres elements.

L'Experience nous apprend aussi, que dans le meslange, que nous appellons *eau*, il y a de l'air, en voicy vne conuaincante.

Faites vne chambre quarrée de cinq ou six pieds en tout sens, à la cheute d'vn ruisseau de mesme hauteur, mettez au milieu de la voute vn canal d'vne embouchure vn peu grande, comme d'vn entonnoir: Que ce canal soit rond, de trois ou quatre pouces de diametre, long de quatre pieds: qu'il descende en la chambre perpendiculairement au paué fait au niueau, par où l'eau du ruisseau coule à plomb sur le milieu d'vne pierre fort dure, platte, ronde, & d'vn pied de diametre, plus haute, que le reste du paué de trois pouces. Faites à costé dans l'vne des quatre murailles, à fleur du paué, vne ouuerture, par où l'eau s'escoule : faites en vn autre à vn pied du paué dans la muraille, qui est vis à vis. De cette ouuerture naisse en dehors vn canal rond, & long de quatre pieds, qui la remplisse parfaictement, & aille s'estrecissant depuis la naissance de la muraille, où il a neuf ou dix pouces de diametre, iusques au bout, qui sera de deux à trois pouces. L'air sortira sans cesse de ce canal, auec autant d'impetuosité, qu'il sort de ces grands souflets de forge, où se fond le fer de mine. Cet air meslé confondu & comme perdu, dans ce tout, que nous appellons *eau*, & qui tombe à plomb par le canal de la voute, se separe de l'eau grandement pressé entre la pierre, qui la reçoit ; & l'autre eau suiuante, qui la pousse ; & cet air ne trouuant en toute la chambre, qui en est desja pleine, rien d'ouuert que ce canal, qui est dans la muraille à vn pied du paué, pressé par l'air suiuant, s'engouffre dans ce canal, & sort de mesme vitesse, que celuy de ces grands souflets longs de plus de quinze pieds. Voila vne preuue peremptoire de *l'air* meslangé auec *l'eau*; & de leur separation par vne compression artificielle, & violente au meslange naturel du monde. L'eau separée, & plus grossiere, s'escoule par l'ouuerture d'embas à fleur du paué, & l'air separé sort par son canal vn canal vn pied plus haut.

Vn autre effect de la separation de l'air, & de *l'æther*, par la compression de l'eau paroit dans ces ronds, qui se font au iet d'vne petite pierre sur vne eau claire, sans mouuement: Car alors *l'æther* se separant de l'eau par la compression, qu'en fait la pierre en la penetrant, se roule dans la place abandonnée par la pierre, & là communique son mouuement à l'æther qui est suiui, d'vn esloignement du centre à la circonference: d'vne eleuation & d'vne depression, qui paroissent mesmes à nos yeux: & qui vont s'estendants à mesure qu'ils approchent de la circonference par vne communication à plus grand nombre d'esprits: & se rallentissants à mesure, qu'ils s'esloignent de leur principe. La dilatation, & l'eleuation, viennent de la legereté

reté & mobilité de l'air: Et la depression se fait par la pesanteur de l'eau.

Ie remarque icy vne difference fort notable entre *l'air*, qui est dans l'eau (c'est le mesme des autres elemens) & *l'air*, qui est meslé auec l'eau, faisant partie de ce *tout*, ou meslange, que nous appellons *Eau*. L'air dans l'eau fait vn *tout* à part, que nous appellons *air*, & monte tousiours au dessus de l'eau: l'air meslé auec l'eau fait vn *tout* auec les autres elemens, que nous appellons *Eau*, & ne s'en separe, que par quelque violence.

Le feu elementaire se trouue aussi dans *l'eau*, meslé comme les autres elemens, & ne s'en separe, que quand il est trop fort, ou contraint par la compression de l'eau. Celle qui est chaude, & principalement celle qui boult, est pleine d'esprits ignées, que nos charbons & nos flammes luy enuoient. Disons le mesme du Soleil à l'esgard des eaux du monde, c'est pourquoy la nuit on voit des flammes sur la mer, que les vaisseaux, & autres corps font sortir de l'eau, quand il la froissent.

Qu'il y ait de la terre dans *l'eau*, cela se voit dans les canaux des fontaines, &

dans certaines pierres qui s'encrouſtent au courant de l'eau, par les atomes terreſtres, qui ſe ſeparent d'elle, eſtant greſſée.

---

§. VI.

Du Thermometre.

LEs mouuemens ſenſibles de l'eau dans le thermometre, me ſemble ne ſe pouuoir s'expliquer intelligiblement, que par l'entrée, ou le mouuement des eſprits ignées de l'air chaud, ou de la main eſchauffée.

Voicy ma penſée que ie propoſe tout ſimplement. Les eſprits de feu, qui tranſpirent ſans ceſſe de la main chaude, qui touche la bouteille du Thermometre, meuuent l'air, qui eſt dans les pores du verre, par leur toucher, & cet air meû, meut ſon voiſin, qui eſt dans l'eau, & par ce mouuement, cet air ſe ſepare de l'eau beaucoup moins mobile. Comme ſi vous auiez dans vne couppe d'argent pluſieurs particules de meſme matiere &

Cette pensée est contraire a l'experience du thermometre dont l'eau en descendant augmente sensiblem.t de masse a cause de l'air ou des esprits ignées qui s'y meslent parmy lorsqu'on eschauffe la bouteille et en montant elle diminue de masse. voyez la dans un therm. qui a [illegible] suspendue entre deux airs.

pesanteur, dont les vnes fussent quarrées, & les autres rondes, meslées par ensemble : & que vous remuassiez tout ce meslange en remuant la couppe, les particules rondes comme plus mobiles se separeroient des quarrées, qui auroient moins de mouuement. L'air donc par ce mouuement se separe de l'eau, & l'eau par cette separation tient moins de place : & il nous semble, à cause qu'elle se ramasse vers le bas, qu'elle descend ; & à cause qu'elle quitte vne partie de son rare, qu'elle se condense. Or plus grande est la chaleur de la main, le mouuement est, & plus grand, & de plus de parties, qui se roulent les vnes sur les autres ; & plus grand est le mouuement, plus grande est la separation de l'air, & de l'eau. Ces roulades ne sont pas sensibles, mais la raison nous les apprend par cet axiome ; *Que le mouuement d'vn corps arresté par l'vne de ses parties, & meu par les autres, tient du circulaire.* Ostez ce mouuement accidentaire des parties de l'air, & consequemment des parties de l'eau, l'air & l'eau reprennent leur meslange naturel, & propre au monde, & par ce meslange l'eau s'enfle, tient plus de place, & paroit monter. Si l'eau descend effectiuement, sans que l'air s'en separe, nous dirons probablement que les esprits ignées entrent dans la thermometre, & que quelques autres en sortent.

§. VII.

De la rarifaction & condensation.

IE suis l'opinion de ceux qui veulent, qu'vn corps simple occupe tousiours vn mesme espace dans le monde, iamais plus grand, iamais plus petit. Autrement il y auroit de la penetration des corps, ou du vuide, penetration, s'il occupoit plus grande place, du vuide, s'il en occupoit vne plus petite. Ainsi le monde ou regorgeroit, ou ne seroit pas tousiours plein. On ne peut nier qu'entre les corps simples, il n'y en ait de plus rares, lesquels auec pareil nombre d'atomes sensibles tiennent plus de place; & de plus denses, qui en tiennent moins. Le feu elementaire est de sa nature plus rare, & moins dense, que la terre; & la terre est de sa nature moins rare, & plus dense, que le feu elementaire. Le feu simple iamais moins rare, la terre simple iamais moins dense. Les mixtes sont plus ou moins rares, plus ou moins denses, selon qu'ils sont plus ou moins participans du feu, ou de la terre. D'où s'ensuit que le corps, qui est meslé de terre & de feu, est en partie rare, en partie dense; si vous luy ostez de son feu, ou luy donnez de la terre vous le condensez; & si vous separez totalement le feu de la terre, & la terre du feu; vous auez du rare dans vne espace du monde, & dans l'autre du dense. Faisons que celuy-cy soit d'vn pied, & celuy-là de quatre, auec pareil nombre d'atome naturels; les deux ioints ensembles, sans se mesler tiendront vn espace de cinq pieds: qu'ils soient meslez, & confondus ensemble, toutes les petites places, que tient le feu ne feront iamais ensemble qu'vn espace de quatre pieds; toutes celles, que tient la terre, n'en feront qu'vn d'vn pied; & toutes deux ensemble vne de cinq pieds: ce qui fait croire, qu'vn mesme corps sans rien perdre, ou acquerir, a tantost plus, tantost moins de place, est l'insensibilité du corps, qu'il perd, ou acquiert. Le sens est trompé : mais nous le corrigeons par la raison : nous ne sentons pas ce qui est dans vn balon enflé; toutefois nous iugeons qu'il est plein de quelque corps, à cause qu'il resiste quand on le presse: & puis nous cherchons quel peut estre ce corps, & trouuons celuy que nous appellons *Air*. De mesme, voyant que la lumiere passe au trauers d'vne bouteille de verre, nous iugeons qu'elle contient en soy vn corps transparent. Or comme le balon s'enfle, quand l'air qu'on ne voit point y entre, & se desenfle quand il en sort: de mesme vn corps meslé tient plus de place quand il se remplit d'vn autre inuisible, & moins quand il le quitte.

Si les parties materielles d'vn mesme corps pouuoient estre tantost plus, tantost moins voisines les vnes des autres sans perdre ou acquerir quelque entre-deux; ou la rareté produiroit tousiours au corps voisin de la densité, & la densité de la rareté, ou dans le monde il y auroit du vuide, ou de la penetration de dimensions.

Ces experiences rapportées cy-dessus monstrent que les elemens sont meslez: & la comparaison des liqueurs, qu'on appelle *humeurs*, meslées dans nos veines, arteres, & autres concauitez de nostre corps, fait entendre ce meslange des elemens dans le grand monde. Où les mouuemens du firmament, des Estoiles, des Planetes, & principalement du Soleil, font voir que les Elemens y doiuent estre meslez en sorte, que vous ne sçauriez prendre aucune partie sensible de l'vn, que les autres n'y soient plus ou moins. Le Soleil enuoie continuellement par tout le monde ses esprits solaires, qui sans cesse & inuisiblement meuuent, & meslent tout pour le bien du monde: comme le cœur enuoie par tout le corps les esprits de vie, qui remuent incessamment, & meslent tout pour le bien du corps. Vn corps fluide, si toutes ses parties estoient de mesme nature, n'auroit qu'vn mouuement local en mesme temps: ce qui est contre l'experience.

§. VIII.

Que les corps ont des pores.

CE meslange des Elemens monstre qu'ils ont quantité de pores ; l'or mesme, qui est si dense fait paroistre les siens grands quand on le voit dans vne lunette à puce. Le son du verre est vne preuue infaillible que dans ses pores il y a de l'air : & ce tremoussement qui est, ou fait le son, qu'il y est fort mobile. Or ces pores estant fort petits, il est necessaire que l'air qu'ils enferment soit fort subtil, & le feu du fourneau, où se fond le verre, estant si ardent, monstre que cet air doit estre accompagné d'esprits ignees.

Les fleurs de soufre enflammées par un miroir concave dans une bouteille scellée hermetiquement repandent leur odeur dans toute la chambre
un zest d'orange [illegible] luy donne un goust d'orange.
L'esprit de nitre et l'huile de [illegible] passent au travers
Les esprits ignées y passent pour faire bouillir l'eau dans les matras scellés hermetiq.
le mouvement du thermomètre, et l'eolipile montrent [illegible].

§. IX.

Quand vn corps quitte sa place il y en pousse vn autre.

NOus connoissons aussi par experience, qu'vn corps changeant de place par sa pesanteur ou legereté naturelle, en pousse tousiours vn autre en la place qu'il abandonne, *(tout corps, qui change de place dans le monde, presse & fait sortir vn corps du lieu où il va : dilate & fait entrer vn corps au lieu d'où il sort.)* Cette experience est familiere en vn poudrier, quand l'air par sa legereté mouuante pousse le sable en la bouteille où il estoit; & le sable par sa pesanteur effectiue pousse l'air en la bouteille superieure, qui estoit sa place : Il faut pour tout changement de place, qu'en mesme temps vn corps quitte la sienne, & qu'vn autre la remplisse; le corps n'est poussé naturellement, que quand on luy fait place, & le corps n'est poussé effectiuement, qu'où il y a place : autrement il ne bouge, & ne bougeant il arreste l'autre, dont il deuroit prendre la place, comme celuy-cy en le poussant, & le faisant sortir, auroit pris la sienne. S'il y auoit du vuide, cela n'arriueroit pas, vn corps empliroit vn vuide, & en vuideroit vn autre, sans pousser vn autre corps, & le faire sortir de sa place immediatement, ou par l'entremise d'autres interposez, & participants de ce mouuement : contre l'experience iournaliere des corps qui se poussent. Outre que tout espace, que nous appellons place, ou lieu, seroit vuide : & par suite necessaire le vuide seroit par tout: car les corps changent, & peuuent changer de place par tout.

Cette mutuelle acception & donation de place dans le monde, vient de sa plenitude & capacité finie : qui ne permet pas qu'vn mesme corps ait naturellement deux lieux, ny qu'vn lieu soit sans corps.

Si vous mettez le couuercle (qui porte en son milieu vn tube de 2 ou 3 pieds de haut et d'un pouce de diametre au plus ou moins perpendiculaire a l'horison) sur le seau plein d'eau et que vous chargiez le couuercle, vous poussez l'eau dans le tube qui pousse l'air de haut et le contraint de se respandre dans le seau pour occuper la place que l'eau occupoit auparavant. Ce mouuement d'eau se fait a cause qu'elle n'est pas chargée dans le tube comme elle est dehors.

§. X.

Que le monde est plein.

CEtte plenitude, & perfection de ce tout corporel, que nous appellons *Monde*, se prouue de la nature des elemens, qui n'auroient aucun vuide, s'ils composoient tout ce grand *monde* sans meslange, & selon leur ordre naturel. Les parties de chaque element seroient iointes & vnies d'elles mesmes, sans entre deux, par leur inclination naturelle d'estre en leur *tout*. Les tous se toucheroient de leurs extremitez par l'inclination naturelle d'estre chacun en sa place, qui est à l'eau immediatement sur la terre, & immediatement sous l'air: & à l'air immediatement sous le feu elementaire, ou *Æther*, & immediatement sur l'eau. Ainsi le monde seroit parfaictement plein. Or, ny les corps mixtes composez des quatre Elemens, ny le meslange des Elemens, que font & maintiennent les Astres & Planetes, & notamment le Soleil, par leur mouuement & distribution de leurs esprits, n'empeschent pas qu'ils ne tiennent autant, ne plus ne moins de place dans le monde, ioints & meslez que separez : comme deux verres de mesme grandeur & capacité, l'vn d'eau, l'autre de vin, ont tousiours vne place de mesme grandeur vnis & separez. Ie sçay bien que trois verres de mesme grandeur & capacité, dont l'vn soit plein d'eau, l'autre de sel armoniac, le troisiesme de nitre, se pourront mesler ensemble, & ne remplir qu'vn verre : mais cela vient, non pas des petits vuides semez par cy par là, qui se remplissent (vn corps dans le vuide n'auroit aucune communication auec les autres corps tant celestes que terrestres & n'en sortiroit iamais qui l'en tireroit) si bien des petits esprits lunaires, solaires, saturniens, & autres dont ce bas monde est rempli, qui sortent mis en liberté par la ionction de l'eau, & des sels, & donnent place aux particules des corps ioints, y poussées immediatement, ou mediatement, par ces esprits, qui ont changé de place, & pris leur hors du verre. D'où s'ensuit que ces particules de ces trois corps sont plus iointes qu'auparauant.

§. XI.

Responses aux difficultés de ceste premiere experience.

DE ce meslange des elemens ; de la petitesse des pores du verre, & autres semblables matieres : de l'air subtil, ou plustot feu elementaire, que i'appelle *Æther*, qui les remplit : de la pulsion des corps en leurs places.

Ie conclus, que le vif argent descédant du tuyau par sa pesanteur effectiue, fait monter celuy du vaisseau, celuy-cy l'air qui est autour du tuyau: dont la premiere partie pressée contre les parties suiuantes fait sortir ce qu'elle a de plus subtil, qui est *l'æther, car presser vn corps, est ioindre & approcher ses parties par l'exclusion d'vn corps, qui les dilatoit & separoit. L'æther* sorti de l'air est poussé dans la place vuidée par celuy, qui estoit dans les pores, & celuy qui estoit dans les pores, dans la place abandonnée par le vif-argent. Et tout cela se fait en mesme temps à la descente du vif-argent.

Le corps qui est entré dans le tuyau est *l'Æther*; il y est entré par les pores du verre, poussé par le vif-argent porté en bas par sa pesanteur effectiue : Tellement que le principe de tout ce changement de place est la pesanteur effectiue du vif-argent qui est dans le tube. Voila pour la premiere chose à considerer en cette experience.

Venons à la seconde: pourquoy *l'Æther* ayant suiuy le vif-argent iusques à deux pieds trois pouces par dessus la surface de celuy qui est dans le vaisseau, s'arreste. L'inclination de *l'Æther* est de monter par dessus l'air, & tous les autres elemens, c'est pourquoy, n'y estant iamais dans le monde, il est tousiours dans l'essai, & dans l'effort de monter : & monte aussi-tost, qu'il trouue place abandonnée par quelque corps plus voisin du ciel, ou poussé par *l'Æther* mesme, ou par quelque autre corps, ou meu par son principe interieur. Quand il prend de soy vne place vuide, & voisine à costé, ou embas, c'est tousiours pour monter)

& ne le fait qu'estant empesché de son droit chemin. En quelque part qu'il aille porté de sa legereté ; il pousse les autres : & s'il n'est pas assez fort pour les pousser & prendre leurs places , & les contraindre à prendre celle qu'il leur quitteroit; il ne bouge. De mesme le vif argent ne descend point , qu'il ne contraigne vn autre à prendre sa place, & s'il ne peut il demeure. Voila iustement l'estat où sont *l'Æther* & le vif argent , quand ny l'vn ny l'autre n'a la force de contraindre son voisin , le poussant à prendre sa place. *L'Æther* enfermé dans le tuyau ne peut monter par la legereté mouuante , qu'il ne prenne la place de l'air superieur son voisin. Cet air superieur ne quitte point sa place, qu'en prenant celle qu'vn autre abandonne, cette place est le bas, c'est à dire, vers celle que *l'Æther* quitte: si donc l'air ne peut prendre place vers celle que quitteroit le vif-argent, *l'Æther* demeure: & le vif-argent ne l'arreste que par sa pesanteur effectiue, qui ne donne point de place à l'air, qui la deuroit prendre, au cas, qu'il fust poussé de la sienne par l'æther changeant de place par sa legereté mouuante. Si d'ailleurs le vif, argent n'est pas assez fort pour pousser *l'Æther* dans le tube, la place estant occupée par celuy qui est dedans, & ne la quitte point, il demeurera, non pas arresté par sa pesanteur, mais par la legereté mouuante de *l'Æther* conseruant sa place, n'en ayant point d'autre pour monter, & n'estant pas contraint de descendre par la pulsion du vif argent.

Quand on hausse le tuyau, sans quitter le vif argent du vaisseau, l'air dont le tuyau prend la place, est poussé vers le bas, vne partie entre dans le tube, l'autre prend la place du vif argent de la cuuette qui est descendu. Quand on l'enfonce, le vif-argent du tuyau pousse *l'Æther*, qui prend la place que le tuyau quitte en descendant. La place que tient le tube dans l'air, & dans le vif-argent doit estre considerée.

On demande icy, pourquoy vn grand tuyau plein *d'Æther* ne fait pas plus monter le vif-argent qu'vn petit? Ie respons que *l'æther* d'vn grand tube n'a pas plus de legereté mouuante que *l'æther* d'vn petit, quand il n'a point de place ou aller. Il n'en a point, qu'il ne pousse & fasse

faſſe entrer ſon voiſin le plus mobile en celle qu'il abandonne. Le ſeul vif argēt a ces deux conditions de voiſinage & plus grande mobilité. Si donc *l'æther* monté & change de place, il doit par le moien de l'air, dont il prend la place immediatement le faiſant deſcendre, faire monter le vif-argent, c'eſt air pouſſé par *l'æther* ne trouuant point de place, que celle que quitteroit le vif-argent en montant, pouſſé dans la place abandonnée par *l'æther*. Le vif-argent donc, ſi ſa peſanteur effectiue eſt trop grande pour eſtre ſurmontée par la legereté mouuante de *l'æther*, demeurera & empeſchera le mouuement de *l'æther*, ne luy quittant point la place. Or tout ainſi qu'vne planche peut ſouſtenir vn poids plus grand que celuy qui eſt neceſſaire pour la tenir droicte & en eſtat; De meſme la peſanteur effectiue du vif-argent dans le tube eſt ſuffiſante pour empeſcher le mouuement d'vn *æther* plus grand, que celuy qui eſt neceſſaire pour l'arreſter. Mais comme ce poids, ſi la peſanteur venoit tellement à croiſtre, ou la force de la planche tellement à diminuer, qu'il ne pût eſtre ſouſtenu par cette planche, descendroit en la rompant : de mesme *l'æther*, si sa legereté mouuante venoit tellement à croistre par l'vnion d'autres parties, ou si la pesanteur du vif argent tellement à décroistre qu'il ne pût estre empesché de changer de place par la pesanteur du vif argent, il le feroit monter en sa place.

Comme il arriue quand l'ouuerture du tube trempe dans l'eau (qui est la troisiesme chose considerable en cette experience :) car alors *l'æther* pousse l'air sur l'eau, & l'eau sur le vif-argent, & le vif-argent en la place qu'il abandonne.

Mais comme le vif argent est plus pesant que l'eau, n'estant plus poussé que de l'eau, il la pousse en sa place vers le haut, & prend la sienne vers le bas, ainsi le tuyau demeure plein d'eau.

Que l'æther ait la force de pousser en haut & contraindre les choses pesantes à prendre sa place ; nous le connoissons de ces instrumens de chirurgie, qu'on appelle ventouses, où le feu sortant par les pores du verre contraint l'air d'alentour de descendre, & pousser la chair & le sang, apres la scarification dans la ventouse.

On fait la mesme experience auec vn verre de table, si vous y allumés vn peu de papier, & le renuersez sur vne assiette couuerte d'eau : ce petit feu inuisible, & presque insensible en sortant par les pores du verre, pousse l'air sur l'assiete, & l'air poussé pousse l'eau sous le verre. Son mouuement n'est pas plus grand, à cause que l'eau est trop pesante pour monter plus haut.

Cette experience est venuë d'Italie, celles qui suiuent ont esté faites & données au public par Monsieur Pascal le fils, dont la premiere est couchée en ces termes.

---

§. XII.

Premiere experience faite par Monsieur Paschal le fils.

VNe syringue de verre auec vn piston bien iuste, plongée entierement dans l'eau, & dont on bouche l'ouuerture auec le doigt, en sorte qu'il touche au bas du piston, mettant pour cet effect la main & le bras dans l'eau, on n'a besoin que d'vne force mediocre pour le retirer, & faire qu'il se des-vnisse du doigt, sans que l'eau y entre en aucune façon (ce que les Philosophes ont creu ne se pouuoir faire auec aucune force finie,) & ainsi le doigt se sent fortement attiré & auec douleur, & le piston laisse vn espace vuide en apparence, & où il ne paroist qu'aucun corps ait peu succeder; puis qu'il est tout entouré d'eau qui n'a peu y auoir d'accez, l'ouuerture en estant bouchée, & si on tire le piston dauantage, l'espace vuide en apparence deuient plus grand, mais le doigt ne sent pas plus d'attraction, & si on le tire presque tout entier hors de l'eau, en sorte qu'il n'y reste que son ouuerture & le doigt qui la bouche, lors ostant le doigt, l'eau contre sa nature monte auec violence, & remplit entierement tout l'espace que le piston auoit laissé.

---

§. XIII.

Raison de ceste experience.

CEtte experience dit quatre choses. La premiere, *Que l'eau n'entre point dans la syringue.* La seconde, *Qu'on sent de la douleur au doigt, qui bouche l'ouuerture, quand on commence à tirer le piston.* La troisiesme, *Que cette douleur ne se sent pas dauantage, quand on le tire beaucoup.* La quatriesme, *Quand la syringue est tirée hors de l'eau, excepté le bout où est l'ouuerture, & qu'on oste le doigt qui la bouchoit, l'eau y monte contre sa nature & la remplit.*

Pour la premiere, il faut se souuenir de ce qui a esté dit & monstré, Que dans l'eau il y a de l'air, & dans l'air du feu elementaire, qui peuuent estre separez de l'eau & rendus *Æther*, qui passe dans la syringue par ses pores, quand le piston montant & prenant la place du corps qui est au dessus le pousse, & ce corps poussé, pousse l'eau vers la syringue, & l'eau serrée contre le verre par les parties suiuantes poussées & poussantes, fait sortir l'*Æther*, & le pousse où il y a place abandonnée par le piston.

Voila donc la matiere dont la syringue se remplit, qui est à la premiere des quatre choses à considerer en cette experience. Voicy mon raisonnement pour la seconde & la troisiesme, la douleur qu'on sent à la premiere separation du piston, vient de ce que le doigt est poussé dans la syrinque par l'eau comme le reste: cette douleur cesse quand le corps, qui entre poussé dans la syrinque pour y trouuer place, trouue passage par d'autres endroits, ce qui arriue quand le piston est bien auancé dans la syrinque, & esloigné du doigt qui bouche son ouuerture.

Venons maintenant à la quatriesme difficulté, de l'eau qui monte contre sa nature dans la syrinque, en voicy la raison. *L'æther* qui est dans la syrinque, subtil & mobile extremement par sa legereté naturelle, & tousiours dans l'agitation par les esprits solaires, qui suruiennent sans cesse comme les vitaux dans toutes les parties du corps viuant, sort auec impetuosité par les pores du verre, si tost que vous luy donnez moyen de changer de place, & prendre celle d'vn autre qu'il pousse dans la sienne. Et cela se fait en ostant le doigt: car lors *l'æther* fait entrer l'eau dans l'espace qu'il abandonne l'y poussant, & prenant sa place par sa legereté mouuante, plus grande que la pesanteur effectiue de l'eau. La parenthese inserée dans la description de cette experience (*que les Phi-*

losophes ont creu ne se pouuoir faire auec aucune force finie) n'est pas vniuersellement receuë, qui sçait le meslange des elemens, la subtilité de l'air espuré, & la quantité des petits pores du verre, la plenitude & perfection du monde, l'impenetration des dimensions, se persuade aisement qu'vn air subtil peut estre poussé dans la syrinque du premier au dernier, par le piston, qui dans elle change de lieu. Le raisonnement, *que pas vn corps n'est entré dans la syrinque, puis qu'elle est dans l'eau, & que l'eau n'y est pas entrée,* presuppose que rien ne peut entrer dans vn corps qui soit dans l'eau, qui ne soit eau : cette hypothese ne passe pas pour vraye dans vn esprit qui connoit tout ce meslange, la subtilité des corps, & l'horreur que la nature a du vuide, & par suite son impossibilité naturelle, ou plustost l'impenetration des dimensions.

Il n'est pas croyable que une ligne ou 2 d'aer dans un tube de 4 piedz 4 pouces par sa legereté tienne 2 piedz 3 pouces 10 lignes le vif argent suspendu dans le tube, puis 50 piedz d'aer ne le tiennent suspendu qu'au mesme lieu. Il semble plus vray de dire que l'air qui pese [illegible] sur le vif argent et qui n'entre pas dans le tube poussant le vif argent dans la sumitte le pousse dans le tube autant que sa force luy permet.

§. XIV.

Seconde experience.

LA seconde experience est d'vn souflet bien fermé de tous costez, qui a le mesme effect auec la mesme preparation, & qui est vne preuue manifeste que ce vuide apparent est vn corps, puis que le souflet qui en est rempli, soufle comme celuy qui est plein d'air.

Cette experience nous apprend que dans le cuir il y a des pores, ce qui est si vray, qu'il n'y a corps au monde, qui n'en ait. Ils paroissent bien grands dans l'or, quand on le voit dans ces petites lunettes, qu'on appelle à puce. La pluspart des Philosophes ne se trouue pas dans des sentimens contraires.

§. XV.

Troisiesme experience.

LA troisiesme experience, *Vn tuyau de verre de quarante-six pieds, dont vn bout est ouuert, & l'autre seellé hermetiquement estant rempli d'eau ou plustost de vin bien rouge, pour estre plus visible, puis bouché & esleué en cet estat; & porté perpendiculairement à l'horizon, l'ouuerture bouchée en bas, dans vn vaisseau plein d'eau, & enfoncé dedans enuiron vn pied: si l'on desbouche l'ouuerture, le vin du tuyau descend iusques à vne certaine hauteur, qui est enuiron de trente-deux pieds depuis la surface de l'eau du vaisseau, & se vuide & se mesle parmy l'eau du vaisseau qu'il teint insensiblement, & se desvnissant d'auec le haut du verre, laisse vn espace d'enuiron treize pieds vuide en apparence, où de mesme il ne paroist qu'aucun corps ait peu succeder: & si on incline le tuyau, comme alors la hauteur du vin du tuyau deuient moindre par cette inclination, le vin remonte iusques à ce qu'il vienne à la hauteur de tren-*

te-deux pieds, il se remplit entierement en re-suçant ainsi autant d'eau qu'il auoit reietté de vin: si bien qu'on le void plein de vin depuis le haut iusques à treize pieds pres du bas, & rempli d'eau teinte insensiblement dans les treize pieds inferieurs qui restent.

Cette experience est fondée comme celle du vif-argent, sur la proportion de la pesanteur effectiue de l'eau, auec la grande legereté, & actiuité de l'æther dans le tube. Quelques pouces par dessus deux pieds suffisent pour mettre en equilibre l'æther & le vif-argent. Et pour y mettre l'eau & l'æther, l'eau dans le tube doit auoir de hauteur par dessus la surface de celle qui est dans le vaisseau trente-deux pieds. Quand cette proportion est ostée par l'augmentation, ou la diminution de la hauteur de l'eau du tuyau par dessus l'autre partie, qui est dans le vaisseau: l'æther descend ou monte, poussant en bas ou poussé en haut.

§. XVI.

Quatriesme experience.

LA quatriesme experience, *Vn siphon scalene, dont la plus longue iambe est de cinquante pieds, & la plus courte de quarante-cinq, estant remply d'eau & les deux ouuertures bouchées, estant mises dans deux vaisseaux pleins d'eau, & enfoncées enuiron d'vn pied, en sorte que le siphon soit perpendiculaire à l'horizon; & que la surface de l'eau d'vn vaisseau soit plus haute que la surface de l'autre de cinq pieds: si l'on desbouche les deux ouuertures le siphon estant en cet estat, la plus longue iambe n'attire point l'eau de la plus courte, ny par consequent celle du vaisseau où elle est: contre le sentiment de tous les Philosophes & artisans: mais l'eau descend de toutes les deux iambes dans les deux vaisseaux, iusques à la mesme hauteur que dans le tuyau precedent, en comptant la hauteur depuis la surface de l'eau de chacun des vaisseaux: mais ayant incliné le siphon au dessous de la hauteur d'enuiron trente-vn pieds, la plus longue iambe attire l'eau qui est dans le vaisseau de la plus courte, & quand on le rehausse au dessus de cette hauteur cela cesse, & tous les deux costez desgorgent chacun dans son vaisseau; & quand on le rabbaisse, l'eau de la plus longue iambe attire l'eau de la plus courte comme auparauant.*

Cette experience n'a rien par dessus la precedente, que l'attraction de l'eau d'vne iambe du siphon dans l'autre, qui arriue quand le siphon est incliné au dessous de la hauteur d'enuiron trente-vn pieds, ce qui n'appartient point aux experiences nouuellement faictes. La descente & montée de l'eau par vn siphon, est vne vieille experience; dont voicy la raison fondée sur l'inclination naturelle des parties à leur tout, & du tout à sa place naturelle dans l'vniuers.

Deux Corps Egalement pesans sont en Equilibre donc les colomnes d'air qui pesent sur A et sur C pesent egalement, ou [illegible]
Si a deux poids egaux on adiouste poids inegaux le plus pesant emporte le plus leger, donc l'eau BC adioustee a CE emportera AB
L'eau monte dans les tube quand elle est plus chargee dehors le tube que dedans [illegible] l'air d chargeant sur l'eau A et [illegible] ne chargeant dans BA. Le poids de l'air d poussera l'eau dans A. et si l
Si le poids de l'eau AB est plus grand que de l'air dA. AB tombera vers A jusqu'a egale pesanteur. et ne pourra estre tiree par BC.

§. XVII.

Raiſonnements ſur les mouuements de l'eau dans vn ſiphon.

LEs parties d'vn *tout* liquide & fluide par peſanteur comme l'eau, dont la ſurface libre (c'eſt à dire immediatement ſouſmiſe à l'air) ſoit eſgalement diſtante du centre de la terre, ſe contrepeſent tellement qu'elles ſont en repos à leur eſgard mutuel, & ne font qu'vne peſanteur effectiue de leur *tout*, qui ne ſoit pas en ſa place naturelle: comme les parties d'vn corps ſolide, roide & peſant, qui ſe meut par ſa grauité naturelle, ne font qu'vne peſanteur effectiue dans vne meſme ligne de direction. Mais ſi quelque partie de ce *tout* fluide & peſant, eſt ſous vne ſurface plus eſloignée du centre que les autres, elle a de la peſanteur effectiue à leur eſgard, elle eſt plus en l'air & moins en ſon *tout* qu'elles: & partant elle deſcend, elle ſort de l'air, elle entre en ſon tout, & le fait croiſtre

^ Parceque l'eau tombant de son propre poids fait lever l'air qui luy surpasse donc si le poids de l'eau dans les 2 branches du syphon surpasse les 2 colonnes d'air l'eau tombera du costé [illegible] Mais quand elle ne surpasse ny l'un [illegible] 2. le plus pesant [illegible]

iuſques à l'eſgalité de ſurface libre : ne pouuant pas changer par ſon accroiſſement les autres parties de la figure, comme il paroit dans l'eau, qui eſt dans vn vaſe : d'où s'enſuit que les parties plus baſſes montent à la deſcente de la plus haute, iuſques à l'egalité de ſurface libre commune aux parties & propre au *tout*. Ainſi dans le corps ſolide meû de ſa peſanteur, la partie qui tire le centre de grauité hors de ſa ligne de direction, ſe change & fait changer les autres, les fait monter en deſcendant, fait croiſtre la peſanteur effectiue du *tout*, mettant ſon centre de grauité dans ſa ligne droite au centre de la terre. Si donc les parties d'vn *tout* fluide, comme l'eau, ſont en mouuement d'elles meſmes, & ſans y eſtre contraintes par le mouuement d'vn corps exterieur il y en aura, dont la ſurface libre ſera plus eſloignée du centre que celle des autres, & qui auront la force de pouſſer les autres iuſques à l'eſgalité de ſurface libre, & celles qui monteront pouſſées par les deſcendantes, pouſſeront l'air en leur place.

Outre ce mouuement des parties de l'eau, dont les vnes pouſſent & font monter les autres, il s'en trouue encor vn de quelque corps different de l'eau, qui la fait descendre & monter.

Pour entendre ces mouuemens de l'eau par les siphons, ie m'en figure de deux sortes : les vns, dont les iambes ouuertes soient vers le haut & la pointe en bas : les autres, dont les iambes ouuertes sont vers le bas & la pointe vers le haut. Pour les premiers ie n'y trouue pas de difficulté. l'eau d'vne iambe ayant sa surface plus haute que celle de l'autre, fera monter la plus basse forçant de l'air, entrant dans son *tout*, le faisant croistre iusques à l'esgalité de surface. Ainsi l'eau monte autant qu'elle descend, faisant d'elle mesme vn *tout* homogene, sous vne mesme surface libre. L'autre siphon, comme il a plus de mouuement, aussi est il plus difficile à entendre. Il faut se figurer deux endroits par où cette eau descendante & continuë passe, elle est meuë par sa pesanteur naturelle & effectiue: elle descend donc & passe d'vn lieu plus esloigné du centre de la terre, à vn autre plus voisin : mais passant d'vn lieu plus haut au plus bas, elle descend, puis elle monte, & puis elle descend. Les deux

endroits où elle change de descendante en montante, & de montante en descendante, sont aux deux bouts de la iambe courte, où elle entre par le bout d'enbas, & d'où elle sort par le bout d'enhaut. Au premier endroit, qui est le bout d'enbas, se trouue vne particule d'eau arrestée par le siphon, qui l'empesche de descendre, & poussée par sa voisine qui descend & la fait changer de place; qu'elle ne change pas en descendant, le siphon l'en empesche: n'y retournant d'où elle vient; c'est de là qu'elle est poussée: elle monte donc pressée entre sa suiuante & le siphon: & puis repoussée par l'air exprimé d'elle par sa compression; lequel air se trouuant entre elle & le siphon solide & immobile, la pousse au lieu plus facile, qui est dans ce rencontre, le haut. Ce qui est dit de cette partie, se doit entendre des suiuantes, qui prennent incessamment sa place, & la font monter iusques à l'endroit d'où elle descende. Si cet endroit est plus haut que la surface libre de toute l'eau, qui la pousse, elle n'y montera pas qu'elle n'y soit poussée par quelque autre corps, qui pousse toute l'eau vers ce point là;
comme

comme quand l'eau monte par aspiration; l'air ou autre corps meû par le corps qui aspire, estant poussé pousse l'eau, & la fait monter depuis le point où elle est poussée par la grauité de la suiuante iusques à la pointe du siphon, d'où elle descend par son inclination naturelle, si elle n'est empeschée par l'vnion naturelle auec les autres, qui soit plus forte que l'autre à descendre, ou faute de place où elle descende. Si ce mouuement continue iusques au lieu plus bas que la surface du tout; le mouuement par tout le siphon sera naturel à l'eau, & continuera tant que la surface de cette partie descendante par la plus longue iambe du siphon sera plus basse que celle de l'eau, qui abreuue l'autre plus courte. *Ie dis que tout ce mouuement est naturel à l'eau*; d'autant qu'il se fait à raison de l'vnion naturelle; quoy que diuersement: vne partie pousse immediatement; & l'autre par l'entremise d'vn corps, dont elle prend la place en descendant. L'eau dans laquelle trempe la petite iambe, pousse immediatement iusques à l'esgalité de sa surface par ce principe: *Que les parties d'vn tout liquide* [illegible] *fluide se rangent par leur pesanteur sous vne surface libre du tout, esgalement distante du centre de la terre.* L'eau qui est dans la jambe longe descend, par ce principe. *Que toute eau qui a sous soy l'air immediatement, descend par l'air.* Deux principes particuliers tirez des deux vniuersels. *Que la partie est naturellement en son tout.* & *Que le tout se porte autant qu'il peut à sa place naturelle*, qui est à l'eau sous l'air.

Aioutons à ces principes cette proposition tirée de l'experience & prouuée cy-dessus. *Qu'vn corps ne quitte point sa place dans le monde, qu'il n'y en pousse vn autre.* D'où se deduit que le *tout* d'eau qui est en tout le siphon chãgeant de place, & la quittant par le bout qui termine la plus longue iambe, vn autre *tout* doit succeder : Et ce tout est l'air qui poussé par l'eau descendante pousse l'eau du vaisseau & descend en poussant, à mesme que l'eau qui le pousse, descend. Donc tout ce mouuement de l'eau qui coule par le siphon, est causé par sa pesanteur naturelle auec l'vnion de ses parties. Il luy est donc naturel.

Or si vne partie de ce *tout* monte, & vne autre descend ; il faut qu'vne autre partie du mesme tout suiue soit en montant soit en descendant ; ou que ce *tout* s'arreste ; ou bien qu'il se diuise en deux par l'interposition d'vn autre corps de nature si differente, qu'il ne puisse estre vne de ses parties. Nous ferons incontinent voir comment, & pourquoy ce dernier arriue.

Ie considere donc au siphon, dont la pointe est en haut, vn *tout* qui change de place non seulement en son total : mais aussi en ses parties, dont les vnes montent les autres descendent, les vnes & les autres sont suiuies, mais en sorte que celles qui montent soient suiuies & precedées de celles qui descendent, & partant le mouuement de cette eau commence & finit par la descente, & l'vne est poussée par l'autre, la plus haute par la plus basse. Les parties qui montent sont poussées par la pesanteur des suiuantes, iusques à l'esgalité de surface auec l'eau, qui les pousse dans la plus courte iambe du siphon ; & de là tirées, à raison de l'vnion naturelle, & poussées aussi du premier au dernier par la pesanteur de l'eau qui descend par la plus longue iambe, iusques à la cyme du siphon d'où chaque particule descend comme balancée, & trebuchante vers l'ouuerture de la longue iambe par où l'eau coule.

Considerons donc en cette iambe vne partie d'eau, qui fasse equilibre auec celle qui est dans la iambe courte, à pareille distance de l'horizon, Pour maintenir cet equilibre, il est necessaire que l'vnion des parties de l'eau soit plus forte à les tenir vnies & comme suspenduës, que n'est leur pesanteur à les porter en bas & les separer. Si la pesanteur effectiue de ces deux parties qui se balancent & contrepesent dans le siphon, est plus grande que leur vnion la separation se fera. Si deux poids attachez à vn mesme filet soustenu par vne poulie se balançoient esgalement, l'vn, l'autre dans l'air, ils demeureroient suspendus en pareille distance de l'horizon tant & si long temps, que le filet auroit assez de force pour les tenir en cet estat, & resister à leur pesanteur, mais à mesme que le filet seroit trop foible & se romproit, les deux poids tomberoient l'vn deça, l'autre de là, s'ils n'estoient retenus d'ailleurs. De mesme, tandis que l'vnion des parties de l'eau, qui tient en equilibre celles qui sont d'esgale pesanteur effe-ctiue sous la cime du siphon, est assez forte pour empescher mesme dans le rencontre de pesantenr & de mouuement leur separation ; l'equilibre demeure & le mouuement de l'autre partie qui est voisine de l'ouuerture de la iambe longue se fait de haut en bas ; & l'equilibre est continué par le mouuement des parties, qui passent de l'ouuerture de la iambe courte à l'ouuerture de la iambe longue : Et ce passage conserue & continue l'equilibre, substituant celles-cy en la place de celles qui le faisoient en coulant & les precedoient : mais si tost que la pesanteur effectiue de ces deux parties balancées par leur poids, & attachées par l'inclination naturelle qu'elles ont à faire vn tout, est plus forte que ceste vnion, l'vn coule d'vn costé & l'autre de l'autre, si elles ne sont arrestées d'ailleurs.

§. XVIII.

Pourquoy l'eau ne descend pas plus bas que trente-deux pieds.

CE qui arriue quand la pesanteur effectiue passe trente-deux pieds, car elle surmonte l'vnion de ces deux parties, & partant elles descendent, l'vne deçà l'autre delà, suiuies de quelqu'autre corps poussé en leur place par leur pesanteur & mouuement : Et ce corps est *l'æther*, ce composé d'air subtil, & d'esprits solaires ou ignées, separé & trié de l'air que nous respirons, & tiré de son meslange naturel au monde (c'est à dire pour le bien du monde) par la pesanteur effectiue de l'eau, qui la fait changer de place, & prendre celle du corps qu'elle pousse en la sienne, qui est du premier au dernier *l'æther*. Si la resistence à quitter la place qu'a le corps, qui deuroit estre poussé par l'eau descendente en la place qu'elle abandonneroit, est plus grande que la vertu mouuante de l'eau, qui sans cette resistance changeroit de place, tout demeure, il n'y a ny changement de place ny pulsion. Mais si la pesanteur de l'eau est plus forte, & que l'vnion de ses parties & que la resistence du corps, qui doit estre poussé à quitter sa place; l'eau descendra & se diuisera : c'est pourquoy la pesanteur de l'eau par dessus trente deux pieds dans le siphon, la fait descendre & prendre la place du corps, qu'elle pousse en la sienne, qui est du premier au dernier *l'æther*; pas vn autre corps, ne pouuant dans ce rencontre prendre la place de l'eau descendante dans le siphon. Mais si la pesanteur de l'eau est moindre que la resistance de l'autre corps qu'elle deuroit pousser en sa place, à quitter la sienne, elle ne descendra pas, & si la legereté de *l'æther* est moindre que la resistance du corps dont il deuroit prendre la place en le poussant immediatement ou mediatement en la sienne, il ne montera pas. En ce rencontre qui se trouue à trente-deux pieds de l'eau, qui est dans le tube, par dessus celle qui est dans le vaisseau, rien ne monte, rien ne descend. L'eau ne descend pas empeschée par *l'æther*, qui deuroit prendre sa place, & ne peut à cause de sa legereté. *L'æther* ne monte pas, l'eau ne pouuant prendre sa place à raison de sa pesanteur. De ce discours il est facile de respondre aux questions qu'on fait sur le mouuement de l'eau qui coule par le siphon.

La premiere, pourquoy l'eau qui est dans la iambe courte monte iusques à la pointe du siphon ? Response, parce qu'elle y est tirée & poussée par celle qui est dans la iambe longue.

La deuxiesme, pourquoy y est elle tirée & poussée ? Response, elle y est tirée parce que l'eau de la iambe longue descend en bas, & en descendant tire apres soy l'autre, qui luy est vnie ; elle y est poussée, dautant que l'eau de la iambe longue en descendant prend la place de l'air, & l'air poussé, pousse l'eau qui est dans le vaisseau, & celle-cy pousse l'eau qui est dans la petite iambe.

La troisiesme, pourquoy l'eau qui est dans la iambe longue descend elle plustost que celle qui est dans la courte ? Response, dautant que sa pesanteur effectiue est plus grande.

La quatriesme, pourquoy sa pesanteur effectiue est elle plus grande ? Response, pource que sa longueur de surface contrainte perpendiculaire à l'horizon est plus grande que celle de l'eau, qui est depuis la surface libre iusques au haut du siphon.

La cinquiesme, pourquoy cette longueur est elle plus grande? Responſe, il y a plus loing de la pointe du siphon iusques à l'ouuerture de la iambe longue, que de la surface libre à la pointe du siphon; & plus grande est cette longueur de surface contrainte perpendiculaire à l'horizon, plus grande est la grauité mouuante, comme l'experience nous l'apprend & la raison qui nous monstre vne ligne de direction, qui est la mesure de la grauité mouuante, plus grande en vn corps fluide, pesant, continu & de mesme nature. Voila où nous a portés cette experience du siphon scalene, qui est la quatriesme de Monsieur Paschal le fils, venons maintenant à la cinquiesme.

§. XIX.

Cinquiesme experience.

SI l'on met vne corde de pres de quinze pieds, auec vn fil attaché au bout, (laquelle on laisse long-temps dans l'eau, afin que s'imbibant peu à peu, l'air qui pourroit y estre enclos en sorte) dans vn tuyau de quinze pieds scellé par vn bout comme dessus & remply d'eau; de façon qu'il n'y ait hors du tuyau que le fil attaché à la corde afin de l'en tirer, & l'ouuerture ayant esté mise dans du vif-argent: quand on tire la corde peu à peu, le vif-argent monte à proportion, iusques à ce que la hauteur du vif-argent, iointe à la quatorziesme partie de la hauteur qui reste d'eau, soit de deux pieds trois pouces: car apres quand on tire la corde, l'eau quitte le haut du verre, & laisse vn espace vuide en apparence, qui deuient d'autant plus grand, que l'on tire la corde dauantage. Que si on incline le tuyau, le vif-argent du vaisseau y rentre en sorte que si on l'incline assez, il se trouue tout plein de vif-argẽt & d'eau, qui frappe le haut du tuyau auec *violence, faisant le mesme bruit & le mesme esclat que s'il cassoit le verre, qui court risque de se casser en effect; & pour oster le soubçon de l'air, que l'on pourroit dire estre demeuré dans la corde, on fait la mesme experience auec quantité de petits cylindres de bois, attachez les vns aux autres auec du fil de laton.*

§. XX.

Raison de ceste experience.

CEtte experience de la corde s'entend assez bien, si nous disons qu'à mesme qu'elle sort du tuyau, elle pousse l'eau, & luy fait prendre sa place, & n'ayant point d'autre corps contigu plus facile à prendre la sienne que le vif-argent, elle la fait monter iusques à la hauteur necessaire à l'esgalité de resistance entre l'air, qui est autour du tuyau, & des corps dont il est remply, à se quitter la place les vns aux autres : si vous tirez dauantage la corde hors du tuyau, vous ostez la proportion, & rendez la pesanteur des corps qu'il contient, plus forte à changer de place & pousser, que l'air qui est dehors à resister, & partant il cede, s'espure, se subtilise, deuient *æther*, passe à trauers les pores du verre, & prend la place du corps descẽdãt. Si vous inclinez le tube; le vif-argent perdant vne partie de sa pesanteur effectiue, n'estant plus si haut par dessus les autres parties de son *tout*; cede à la legereté de *l'æther* qui monte, pousse en bas l'air qui est au tour du tuyau, & cet air poussé en bas, pousse le corps voisin en la place de *l'æther*; si vous l'inclinez beaucoup, *l'æther* pousse tellement par sa grande legereté, qu'il fait frapper le corps qui est dans le tube, contre le haut du tuyau.

§. XXI.

Sixiesme experience.

LA sixiesme experience. *Vne siringue auec vn piston parfaitement iuste, estant mise dans le vif-argent, en sorte que son ouuerture y soit enfoncée pour le moins d'vn pouce, & que le reste de la syringue soit esleué perpendiculairement au dehors: si l'on retire le piston, la syringue demeurant en cet estat, le vif-argent entrant par l'ouuerture de la syringue, monte & demeure vni au piston, iusques à ce qu'il soit esleué dans la syringue deux pieds trois pouces: mais apres cette hauteur, si l'on retire dauantage le piston, il n'attire pas le vif-argent plus haut, qui demeurant tousiours à cette hauteur de deux pieds trois pouces, quitte le piston: de sorte qu'il se faict vn espace vuide en apparence, qui deuient d'autant plus grand, que l'on tire le piston dauantage: Il est vray-semblable que la mesme chose arriue dans vne pompe par aspiration, & que l'eau n'y monte que iusques à la hauteur de trente-vn pieds, qui respond à celle de deux pieds trois pouces de vif-argent, & ce qui eſt plus remarquable, c'eſt que la ſyringue pezée en cet eſtat ſans la retirer du vif-argent, ny la bouger en aucune façon peze autant (quoy que l'eſpace vuide en apparence, ſoit ſi petit que l'on voudra) que quand en retirant le piſton dauantage, on le fait ſi grand qu'on voudra: & qu'elle peze touſiours autant que le corps de la ſyringue auec le vif-argent, qu'elle contient de la hauteur de deux pieds trois pouces, ſans qu'il y ait encor aucun eſpace vuide en apparence: c'eſt à dire, lors que le piſton n'a pas encor quitté le vif-argent de la ſyringue, mais qu'il eſt preſt à s'en deſunir, ſi on le tire tant ſoit peu. De ſorte que l'eſpace vuide en apparence, quoy que tous les corps qui l'enuironnent tendent à le remplir, n'apporte aucun changement à ſon poids: & que quelque difference de grandeur qu'il y ait entre ces eſpaces, il n'y en a aucune entre les poids.*

Cette experience eſt vne confirmation de ce qui a eſté dit iuſques à preſent, & n'a rien de nouueau que le meſme poids de la ſyringue, auec vn petit & grand eſpace *d'æther*, qui ne peſe point, & ne change pas le poids. Sa legereté ne paroit qu'au mouuement, & n'eſt pas ſenſible en ce poids, qu'on fait de la ſyringue.

§. XXII.

Septiesme experience.

LA septiesme experience. *Ayant remply vn siphon de vif-argent, dont la plus longue iambe a dix pieds, & l'autre neuf & demy, & mis les deux ouuertures dans deux vaisseaux de vif-argent, enfoncées enuiron d'vn pouce chacune, en sorte que la surface du vif-argent de l'vn soit plus haute de demy pied, que la surface du vif-argent de l'autre; quand le siphon est perpendiculaire, la plus longue iambe n'attire pas le vif-argent de la plus courte: mais le vif-argent se rompant par le haut, descend dans chacune des iambes, & regorge dans les vaisseaux, & tombe iusques à la hauteur ordinaire de deux pieds trois pouces, depuis la surface du vif-argent de chaque vaisseau; Que si on incline le siphon, le vif-argent des vaisseaux remonte dans les iambes, les remplit & commence de couler de la iambe la plus courte dans la plus longue, & ainsi vuide son vaisseau: car cette inclination dans les tuyaux où est ce vuide apparent, lors qu'ils*

l'inclination du siphon diminue la hauteur du vif argent qui contrepesoit a la colomne perpendiculaire d'air parce que [illegible] partie du vif argent pese sur la perpendiculaire ainsy plus il y a de partie sur [illegible] perpendiculo *sont dans quelque liqueur, attire tousiours les liqueurs des vaisseaux, si les ouuertures des tuyaux ne sont point bouchées, ou attire le doigt, s'il bouche ces ouuertures.*

Cette experience est la mesme que la quatriesme : elle change seulement l'eau en vif-argent.

---

§. XXIIII.

Huictiesme experience.

LA huictiesme experience. *Le mesme siphon estant rempli d'eau entierement, & en suitte d'une corde comme cy-dessus, les deux ouuertures estant aussi mises dans les deux mesmes vaisseaux de vif-argent, quand on tire la corde par une de ces ouuertures, le vif-argent monte des vaisseaux dans toutes les deux iambes : en sorte que la quatorziesme partie de la hauteur de l'eau d'une iambe, auec la hauteur du vif-argent qui y est monté, est esgale à la quatorziesme partie de la hauteur de l'eau de l'autre, iointe à la hauteur du vif-argent qui y est monté ; ce qui arriuera tant que cette quatorziesme partie de la hauteur*

teur de l'eau iointe à la hauteur du vif-argent dans chaque iambe, soit de la hauteur de deux pieds trois pouces ; car apres l'eau se diuisera par le haut, & il s'y trouuera vn vuide apparent.

Ceste experience a si grand rapport auec la cinquiesme, que qui a l'intelligence & la raison de l'vne, l'a de l'autre.

Tout ce discours est vne confirmation de l'opinion commune, que dans le monde il n'y a point de *vuide*. Tous les corps, en tant que corps, s'y entretouchent pour faire vn *tout* plein & parfait: La diuersité des formes substantielles & materielles causées par l'vnion & proportion du rare & du dense, comme les tableaux & images, par l'vnion & proportion du blanc & du noir, n'empesche pas cette vnion corporelle.

Et parce que nous auons en ce petit traité parlé souuent du rare & du dense, & que la difference des deux semble moins connuë à quelques-vns, ie mettray pour la conclusion de ce petit ouurage vne hypothese possible & probable, pour aider cette connoissance.

Presupposons donc par maniere de

simple hypothese, que Dieu voulant faire le monde, ait creé vne masse de corps extremement rare, plus ample que n'est tout ce grand monde: que cette masse par sa mobilité, & fluidité consecutiue à sa rareté, soit reduite à vn globe, qui soit l'espace du monde. Le mouuement qui resserre à cette capacité & figure toute cette masse, aura fait vne difference entre les parties, qui seront vers la circonference, & celles qui seront vers le centre; celles-cy estant beaucoup plus serrées que celles-là. Disons ensuite que ces parties conseruent cet estat, sans le changer dans le monde, & diuisons tout ce globe en quatre parties concentriques, dont l'interieure soit la terre la plus dense, la plus consistante, la moins rare, la moins fluide & la moins mobile de toutes. Celle d'apres soit l'eau, dense à proportion. La troisiesme soit l'air, & la quatriesme *l'æther*, ou le feu elementaire. Que ces parties soient la matiere du monde inalterable & incorruptible: que leur meslange serue à tous les composés mixtes qui s'y retrouuent, ainsi consequemment des corps materiels. Voila vne difference claire entre le rare & le dense qui peut seruir de principe à la Physique, prouue le plein, & seruira de fin à ce discours.

FIN.

www.ingramcontent.com/pod-product-compliance
Lightning Source LLC
LaVergne TN
LVHW010033230826
846091LV00005B/1671
9782011944818